BOEKANALYSE

AF132002

Hamlet

● ● ● ● ● ● ● ● ● ● ● ● ● ● ●

WILLIAM SHAKESPEARE

BOEKANALYSE

Geschreven door Nasim Hamou
Vertaald door Nikki Claes

Hamlet

WILLIAM SHAKESPEARE

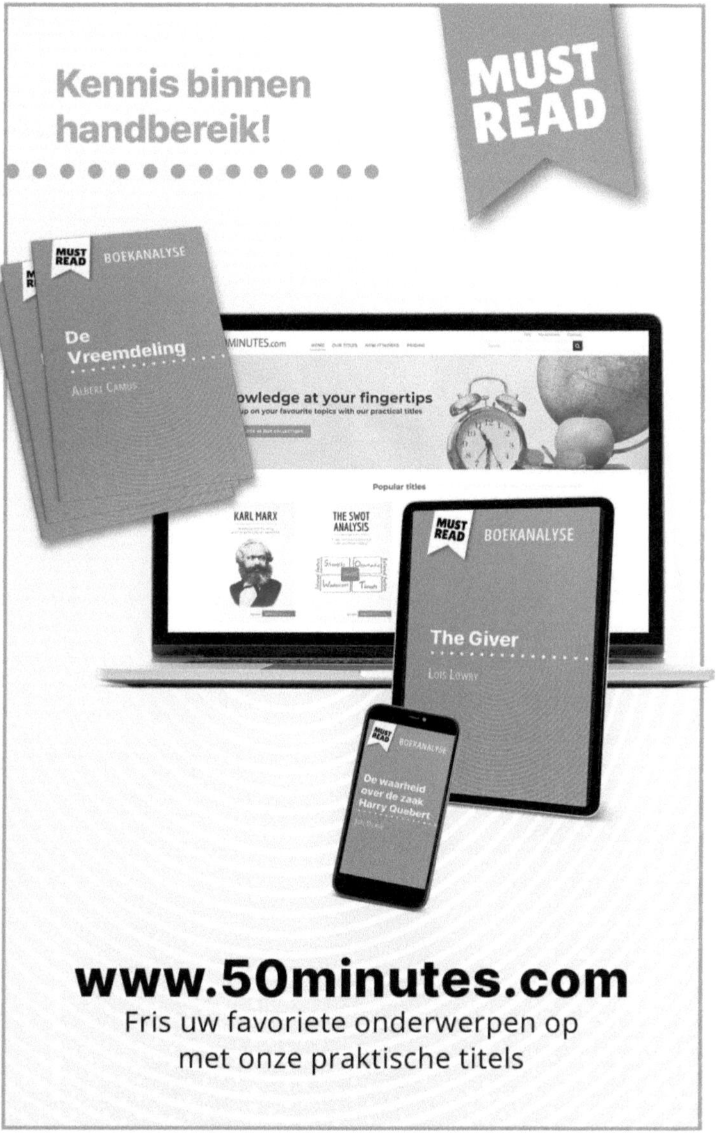
Kennis binnen handbereik!
MUST READ
MUST READ
BOEKANALYSE
De Vreemdeling
Albert Camus
owledge at your fingertips
Popular titles
KARL MARX
THE SWOT ANALYSIS
MUST READ
BOEKANALYSE
The Giver
Lois Lowry
MUST READ
BOEKANALYSE
De waarheid over de zaak Harry Quebert
www.50minutes.com
Fris uw favoriete onderwerpen op
met onze praktische titels

WILLIAM SHAKESPEARE

ENGELS DICHTER EN TONEELSCHRIJVER

- **Geboren in Stratford-upon-Avon in 1564**
- **Overleden in 1616**
- **Opmerkelijke werken:**
  - *A Midsummer Night's Dream* (1592-1595), komedie
  - *Richard III* (1592-1595), historisch toneelstuk
  - *Hamlet* (1595-1600), tragedie

William Shakespeare werd in 1564 geboren als dichter en toneelschrijver, een vooraanstaande Engelse literaire figuur, met name in het genre van het Elizabethaanse theater (genoemd naar koningin Elizabeth I, 1558-1603). Er is af en toe twijfel geweest over zijn historische bestaan, dat nu bewezen lijkt, hoewel sommige periodes van zijn leven mysterieus blijven. Hij schreef 37 toneelstukken, die alle in een van de vier categorieën vallen: historische toneelstukken zoals *Richard III*, komedies zoals *A Midsummer Night's Dream*, grote tragedies zoals *Hamlet* en, tenslotte, de laatste toneelstukken, waaronder die zoals *The Tempest*. In de jaren 1600 werd het theatergezelschap van deze acteur en schrijver, dat als een van de beste van Londen werd beschouwd, gevestigd in het Globe Theatre. William Shakespeare stierf in 1616.

HAMLET

TO BE OR NOT TO BE: EEN TRAGEDIE VAN WAARHEID EN LEUGENS

- **Genre:** toneelstuk (tragedie)

- **Referentie-uitgave:** Shakespeare, W. (2007) *Hamlet*. Shakespeare Library Classic. Minneapolis: Filiquarian Publishing, LLC.

- **Eerste uitgave:** 1601

- **Thema's:** dood, waanzin, verraad, leugens, wraak

Hamlet is een van de beroemdste tragedies van Shakespeare. Het stuk is geschreven tussen 1595 en 1600.

De gelijknamige held, de prins van Denemarken, heeft twee maanden geleden zijn vader, de koning, verloren. Zijn moeder is hertrouwd met de nieuwe koning, Claudius, de broer van de vorige koning. Hamlet accepteert dit niet omdat hij het als verraad beschouwt. Wanneer hij ontdekt dat zijn vader in werkelijkheid door Claudius is vermoord, lijkt hij langzaam weg te zinken in waanzin.

SAMENVATTING

AKTE I

De scène speelt zich af in Elseneur, Denemarken. Officieren die dienst hebben in het kasteel van de koning zien een spook. Het was de vorige nacht al aan hen verschenen. De geest lijkt in alle opzichten op de voormalige koning. Horatio zegt: "Ik weet niet wat ik moet doen, maar ik denk dat dit een vreemde uitbarsting is voor onze staat" (Act I, Scene I). De officieren voeren een inspectieronde uit omdat het land een aanval vreest: Fortinbras van Noorwegen provoceerde de koning van Denemarken, voordat hij door Hamlet werd gedood. Volgens een eerdere overeenkomst zouden zijn landerijen aan Hamlet worden gegeven, maar de zoon van Fortinbras "heeft een lijst van wetteloze resoluten opgesteld, voor voedsel en voeding" (Act I, Scene I) om ze terug te vorderen.

Na de dood van de koning volgt zijn broer Claudius hem op en trouwt met zijn vrouw Gertrude. Hamlet, de zoon van de vorige koning en de neef van Claudius, is erg melancholiek sinds de dood van zijn vader. Hij verwijt zijn moeder dat zij zo snel, slechts twee maanden na de dood van haar man, hertrouwt met een man die niet zo waardig is als zijn vader. Horatio vertelt Hamlet dat hij een spook heeft gezien en de prins besluit 's nachts naar het perron te gaan om te proberen het zelf te zien.

Laertes, zoon van de kamerheer Polonius, maakt zich op om naar Frankrijk te vertrekken en neemt afscheid van zijn zus, Ophelia. Zij vertelt hem dat Hamlet gevoelens voor haar lijkt te hebben. Hij waarschuwt haar voorzichtig te zijn: "Hij mag niet, zoals onwaardige personen doen, voor zichzelf snijden; want van zijn keuze hangt de veiligheid en gezondheid van deze hele staat af" (Act I, Scene III). Polonius bevestigt dit advies en zegt zijn dochter afstand te nemen van Hamlet, die haar alleen maar gebruikt: "Geloof zijn geloften niet" (Act I, Scene III).

Die nacht is Hamlet op het perron in gezelschap van Horatio en Marcellus en hij ziet de geest, die Hamlet vraagt hem te volgen. De geest is zijn vader en vertelt hem dat deze door Claudius is vermoord: "Maar weet, gij edele jongeling, de slang die uw vaders leven stak, draagt nu zijn kroon" (Act I, Scène V). Hij werd vergiftigd. Horatio en Marcellus zweren nooit te onthullen wat ze die nacht zagen.

ACTE II

Polonius vraagt zijn bediende, Reynaldo, om zijn zoon, Laertes, te onderzoeken. Ophelia vertelt haar vader geschrokken dat Hamlet bij haar langs is geweest, verfomfaaid en zich vreemd gedraagt. Polonius gelooft dat hij gek is. De koning vraagt de vrienden van Hamlet, Rosencrantz en Guildenstern, om wat tijd met hem door te brengen en te proberen te begrijpen wat er aan de hand is : "Iets heb je gehoord over Hamlet's transformatie; zo noem je het, sith noch de uiterlijke, noch de innerlijke mens lijkt op wat hij was" (Act II, Scène II). De ambassadeurs van Noorwegen informeren Claudius dat de koning van Noorwegen Fortinbras heeft gearresteerd. Polonius komt binnen en vertelt Claudius en Gertrude dat hij gelooft dat Hamlet gek is en leest hen, als bewijs, een brief voor die hij aan Ophelia heeft gestuurd.

Guildenstern en Rosencrantz gaan Hamlet zoeken. Hij uit zijn melancholie tegenover hen: "Ik heb de laatste tijd – maar waarom weet ik niet – al mijn vrolijkheid verloren, alle gewoonten van oefeningen verwaarloosd; en het gaat zelfs zo zwaar met mijn geaardheid dat dit goede kader, de aarde, mij een steriel voorgebergte lijkt" (Act II, Scène II). Er zijn acteurs in de stad en Hamlet wil hen zien. Hij vraagt hen het verhaal over de dood van Priam, verteld door Aeneas aan Dido, na te spelen. Daarna vraagt hij een andere voorstelling voor de volgende dag: hij wil hen *De moord op Gonzago zien spelen* en voegt aan het stuk een apostrof toe die hij zelf geschreven heeft. Hamlet denkt bij zichzelf: "Ik zal deze spelers iets laten spelen als de moord op mijn vader voor mijn oom: Ik zal zijn blikken observeren, ik zal hem op het scherpst van de snede zetten: als hij slechts bloost, weet ik mijn koers." (Act II, Scene II).

AKTE III

Guildenstern en Rosencrantz vertellen hun ontmoeting met Hamlet aan de koning en koningin, die zich vervolgens verstoppen om Hamlet en Ophelia te bespioneren. Hamlet vertelt de jonge vrouw dat ze hem niet had moeten geloven en dat hij niet van haar houdt. "Hij zal met spoed naar Engeland gaan, want de eis van ons verwaarloosde eerbetoon zal misschien de zeeën en landen verschillend met variabele objecten deze iets-vastgeroeste zaak in zijn hart verdrijven, waarop zijn nog steeds kloppende hersenen hem zo van de mode van zichzelf zetten" verklaart de koning (Act III, Scène I).

Hamlet vraagt Horatio om de koning te observeren tijdens de opvoering van het stuk. Claudius reageert op de vergifti-gingsscène. Hamlet ziet dit als een bevestiging van de bewe-ringen van de geest. Hamlet gaat met zijn moeder praten terwijl Polonius zich achter een wandkleed verschuilt om hen te bespioneren. Wanneer Polonius beweegt, steekt Hamlet hem door het wandtapijt, zeggende: "Hoe nu, een rat?" (Act III, Scene IV). Hamlet beschuldigt zijn moeder ervan zijn vader te hebben verraden. De geest verschijnt, maar zijn moeder ziet hem niet.

AKTE IV

De koningin vertelt Claudius wat er gebeurd is. Ze zegt dat Hamlet onmiddellijk naar Engeland moet vertrekken. Tijdens zijn reis ontmoet Hamlet de troepen van Fortinbras die naar Polen marcheren en hij betreurt zijn eigen lafheid.

Ophelia wordt gek. Laertes is teruggekeerd. De koning stelt Laertes voor ervoor te zorgen dat hij de degens kruist met Hamlet om zijn vader en zus te wreken door hem te doden met een niet gespietst zwaard. Laertes besluit ook het zwaard te vergiftigen. Uit voorzorg bereidt de koning ook een vergif-tigde drank. Horatio ontvangt een brief van Hamlet die hem vraagt zich bij hem aan te sluiten. De koningin kondigt aan dat Ophelia zichzelf heeft verdronken.

AKTE V

De clowns graven een graf voor Ophelia. Ze bespreken de verdrinking en de door de kerk veroordeelde zelfmoord. Hamlet observeert hen en verbaast zich over de nonchalance waarmee de grafdelver schedels in de lucht gooit. "Waarom is dat niet de schedel van een advocaat? Waar zijn nu zijn quiddities, zijn quillets, zijn zaken, zijn tenures en zijn trucs?" vraagt hij. De koning, koningin en hun gevolg dragen Ophelia's lichaam. Hamlet ontdekt dat ze gestorven is. Geschokt door Laertes' uiting van pijn, die hij extravagant en vals vindt, provoceert hij hem door te zeggen dat hij meer van Ophelia hield.

Osric, een hoveling, informeert Hamlet over Laertes' talenten in de strijd om hem aan te moedigen een gevecht met hem aan te gaan. Hamlet neemt de uitdaging aan: "Als het nu is, komt het niet; als het niet komt, komt het nu; als het niet komt, komt het toch: de bereidheid is alles" (Acte V, Scène II). Het duel begint, de koningin drinkt per ongeluk uit de vergiftigde beker en sterft. Laertes en Hamlet wisselen, tijdens een aanval, hun zwaarden en beiden raken gewond door het vergiftigde lemmet. Hamlet doodt de koning. Laertes sterft, en Hamlet ook. Fortinbras komt het toneel op. Horatio legt de situatie uit en de lichamen worden naar buiten gedragen.

KARAKTERSTUDIE

HAMLET

Hamlet, de gelijknamige held van het stuk, is de zoon van de koning van Denemarken en de neef van de huidige koning Claudius, die getrouwd is met zijn moeder, Gertrude. Het personage is alomtegenwoordig in het stuk en wanneer hij niet op het toneel staat, praten de andere personages over hem. De plot draait om zijn melancholie en lijden dat nog wordt versterkt door de ontdekking van het verraad van zijn oom. Hij zoekt de waarheid terwijl alle anderen hem voor gek verklaren. Zijn vriend, Horatio, zegt hem: "Dit zijn slechts wilde en wervelende woorden, mijn heer" (Act I, Scene V).

Zijn toestand is dubbelzinnig want hoewel zijn vrienden het spook aan het begin van het stuk net zo zien als hij, ziet zij het tijdens de ontmoeting met zijn moeder niet. Hij gedraagt zich grillig; hij wordt gekweld door wat hij weet. De wereld heeft geen betekenis voor hem, het is geen bron van plezier meer. In zekere zin is hij een soort geest, achtervolgd door zijn eigen morbide gedachten. Hamlet is een tragische, gekwelde en lijdende held: "Hoe vermoeiend, muf, vlak en onrendabel lijken mij alle gebruiken van deze wereld! Foei! ah foei!" (Act I, Scene II).

Zijn obsessie voor de tragedie van zijn vaders dood maakt dat hij alles om zich heen verwaarloost, waardoor hij ook Ophelia verliest. Alleen Horatio is hem gunstig gezind; Hamlet vertrouwt hem. In zijn uitwisselingen met andere personages is hij vaak ironisch, zelfs cynisch. Zijn opmerking in de tweede scène van de eerste akte over zijn relatie tot Claudius, "Een beetje meer dan verwant, en minder dan aardig", zet de toon. Hij zegt bijvoorbeeld over zijn vader: "Twee maanden geleden gestorven en nog niet vergeten? Dan is er hoop dat het geheugen van een groot man een half jaar langer meegaat dan zijn leven" (Act III, Scène II).

Hamlet is een krijgerheld, die, zo wordt ons verteld, Fortinbras heeft overwonnen en aan het eind van het stuk tegenover Laertes staat, maar hij vindt zichzelf zwak omdat hij niets doet om zijn vader te wreken. "To be, or not to be: dat is de vraag: of het nobeler is om te lijden onder de stroppen en pijlen van het schandelijke lot, of om de wapens op te nemen tegen een zee van problemen, en door zich te verzetten een einde te maken aan die problemen? Hoe dan ook, uiteindelijk vertelt hij wat hij weet aan zijn moeder en doodt hij de koning, voordat hij zelf sterft.

CLAUDIUS, GERTRUDE, POLONIUS EN LAERTES

In het stuk zijn deze vier personages tegenstanders van Hamlet. Claudius vermoordde zijn vader, Gertrude verraadde haar vroegere echtgenoot door met zijn moordenaar te trouwen en Polonius probeert zijn dochter Ophelia van Hamlet af te houden, omdat hij denkt dat hij gek is. Zij vertegenwoordigen liegen, verraad en hypocrisie. Het zijn slechts façades.

Laertes verzet zich ook tegen Hamlet, en is bijna een dubbelganger van hem: ook zijn vader is in het stuk door Hamlet vermoord. Laertes wantrouwt Hamlet, net als Polonius, en heeft baat bij het plan dat Claudius wil opzetten om van Hamlet af te komen. Hij staat dus aan de kant van de tegenstanders. Zijn karakter is echter dubbelzinniger, want zijn liefde voor Ophelia lijkt oprecht, en net als Hamlet wil hij vooral weten wat er met zijn vader is gebeurd: "Zijn manier van sterven, zijn obscure begrafenis – geen trofee, zwaard, noch luik over zijn botten, geen nobele rite noch formele praal – schreeuwen om gehoord te worden, als 't ware van de hemel tot de aarde, dat ik het in vraag moet stellen" (Act IV, Scène V).

OPHELIA EN HORATIO

Ophelia is de dochter van Polonius en de zus van Laertes. Zij vertegenwoordigt de liefde en belichaamt het onschuldige slachtoffer. De beschrijving van haar dood heeft vele schilders geïnspireerd: ze zinkt langzaam in het water en verdrinkt. Ze houdt van Hamlet, maar is bang voor hem en hij duwt haar weg. Ze is een tragisch en misschien zelfs pathetisch slachtoffer. Voordat ze zichzelf laat sterven, verliest ze alle geestelijke gezondheid, bijna als een parallel met Hamlet: terwijl hij steeds ironischer en gewelddadiger wordt, sluit zij zich op in haar eigen gedachten en pleegt zelfmoord. Dit is een onmogelijk koppel, verpletterd door de dramatische omstandigheden waarin zij verwikkeld zijn.

Ondertussen is Horatio een officier. Hij is een trouwe vriend van Hamlet, die hem beschrijft als een eerlijk man. Hij vergezelt zijn vriend, steunt hem en is de enige die overblijft na alle doden in de laatste scène om Fortinbras te vertellen wat er gebeurd is.

ANALYSE

LEUGENS EN HYPOCRISIE

Het stuk draait om het evenwicht tussen waarheid en leugen, en stelt voortdurend de vraag naar hypocrisie. Hamlet is het personage dat de waarheid opeist. Hij verwerpt alle schijn, die hij tegenover ware gevoelens stelt. Zo draagt zijn moeder volgens hem de schijn van rouw, maar lijdt zij in werkelijkheid helemaal niet. Hij legt dit als volgt uit:

> *"Ik weet niet 'lijkt'. Het is niet alleen mijn donkere mantel, goede moeder, noch de gebruikelijke pakken van plechtig zwart, noch de winderige suspiratie van geforceerde adem, nee, noch de vruchtbare rivier in het oog, noch de neerslachtige 'havior van het gelaat, samen met alle vormen, stemmingen, vormen van verdriet, die mij echt kunnen aanduiden: deze lijken inderdaad, want het zijn handelingen die een man zou kunnen spelen: maar ik heb datgene van binnen dat voorbijgaat aan de show; dit zijn slechts de uitdossingen en de pakken van verdriet" (Act I, Scène II).*

Daarom irriteert het karakter van Osric hem zo: hij is een hoveling die het altijd eens is met de mening van de heer, zonder ooit zijn eigen mening te geven. Hij is het met Hamlet eens dat het heet is, dan weer koud, dan weer heet volgens wat hij zegt.

Ook Polonius belichaamt dit functioneren op basis van leugens. Wanneer hij zijn bediende vraagt zijn zoon te onderzoeken, vraagt hij hem list te gebruiken om de waarheid boven water te krijgen. Niet alleen verraden de personages elkaar, maar ze doen dat stiekem en verhullen hun wandaden. Bovendien geloven ze dat wat ze doen juist is. Polonius zegt:

"Uw aas van valsheid neemt dit kleed van waarheid aan; en zo komen wij van wijsheid en bereik, met windassen en met beoordelingen van vooringenomenheid, door indirecte aanwijzingen erachter" (Akte II, Scène I). Het hof van Denemarken wordt het toonbeeld van corruptie door leugen.

ORDE EN POLITIEK

Zoals in andere stukken van Shakespeare en in overeenstemming met de Elizabethaanse manier van denken, beïnvloedt het lot van de koninklijke familie het hele koninkrijk. Tekenen van de natuur kunnen een crisis binnen de staat aankondigen, want alles is met elkaar verbonden en het koninkrijk is een verkleinde versie van het universum. Als de monarchie corrupt is, zal het land lijden voor zijn zonden.

Horatio legt het uit:

> *In de hoogste en mooiste staat van Rome, iets voor de val van de machtigste Julius, stonden de graven zonder tenten en de in lakens gehulde doden piepten en bibberden in de Romeinse straten: als sterren met treinen van vuur en dauw van bloed, rampen in de zon; en de vochtige ster op wiens invloed Neptunes' rijk staat, was bijna tot de dag des oordeels ziek door verduistering: En zelfs de voorbode van heftige gebeurtenissen, als voorbodes van het lot en voorbode van het komende voorteken, hebben hemel en aarde samen gedemonstreerd aan onze klimaten en landgenoten. (Act I, Scene I)*

Inderdaad, aan het einde vat Horatio de gebeurtenissen en de onnatuurlijke daden die in het koninkrijk zijn gepleegd samen: "Zo zult u horen van vleselijke, bloedige en onnatuurlijke daden, van toevallige vonnissen, toevallige slachtingen, van sterfgevallen die door list en dwang tot stand zijn gebracht, en, in dit eindresultaat, doelen die verkeerd vallen op de leest van de bedenkers" (Acte V, Scène II).

De personages, geconfronteerd met de tragedies en de waarheid, moeten hun kamp kiezen: ofwel denken ze aan hun eigen belangen en proberen ze zichzelf ten koste van alles te beschermen door hypocrisie en leugens aan te nemen om hun misdaden te verdoezelen, ofwel kiezen ze ervoor de realiteit onder ogen te zien zonder zichzelf in gevaar te brengen en lopen ze het risico gek te worden, zoals Hamlet of Ophelia. Hamlet zoekt gerechtigheid terwijl Claudius verblind is door macht. *Hamlet is* daarom een uiterst duister toneelstuk. De enige uitgang die overblijft voor de personages is de dood.

HET THEATER ALS RUIMTE VAN DE WAARHEID

In het werk worden delen van het toneelstuk opgevoerd. Deze "mise en abyme" brengt het uitspreken van de waarheid op gang. Theater staat in wisselwerking met het leven, het is niet slechts een vorm van vermaak of een stuk fictie dat losstaat van het echte leven, het beïnvloedt de werkelijkheid.

Zo legt Shakespeare een poëtisch discours in Hamlet's woorden, een toespraak over theater en de kunst van het spelen van een rol. Voor hem is theater in wezen een spiegelbeeld van de wereld. Daarom moet het op een natuurlijke manier en zonder overdaad geïnterpreteerd worden:

> *"Stem de handeling af op het woord, het woord op de handeling; met deze speciale eigenschap verlaat u niet de bescheidenheid van de natuur: want alles wat zo overdreven is, is van het doel van het spel, waarvan het doel, zowel in het begin als nu, was en is om, als 't ware, de spiegel voor te houden aan de natuur; om de deugd haar eigen gelaatstrekken te tonen, de verachting haar eigen beeld, en de leeftijd en het lichaam van de tijd zijn vorm en druk"* (Act III, Scène II).

De moord op Gonzago geeft Claudius een beeld van de misdaad die hij heeft gepleegd: de waarheid wordt in de scène uitgespeeld waar in het echte leven leugens aanwezig zijn. Maar meer nog is het de fictie die de onthulling van de misdaad mogelijk maakt. Als Claudius reageert op de vergiftigingsscène, bevestigt hij zijn schuld tegenover Hamlet en Horatio.

Op dezelfde manier worden in het stuk voortdurend scènes opgevoerd waarin een van de personages zich verstopt om Hamlet te bespioneren en zo een toeschouwer wordt. Vervolgens verschijnt er een tweede theaterscène op het toneel. Hamlet wordt ook een acteur en men vraagt zich af in hoeverre hij een rol speelt en in hoeverre zijn waanzin echt is. Hij lijkt volkomen helder met betrekking tot de intriges die om hem heen heersen en geeft alle mensen in zijn leven precies wat ze verwachten: het bewijs van zijn waanzin. Maar is hij echt gek? Deze vraag is moeilijk te beantwoorden.

Shakespeare speelt dus met theatrale motieven en "mise en abyme" om iets te zeggen over zijn eigen kunst: het theater is een plaats van waarheid, ook al doet het zich voor als fictie.

VERDERE REFLECTIE

ENKELE VRAGEN OM OVER NA TE DENKEN...

- Hoe verandert het karakter van Hamlet in de loop van het stuk? Hoe wordt hij gezien door de andere personages? Hoe ziet hij zichzelf?

- Analyseer de scène waarin de acteurs *De moord op Gonzago* interpreteren. Hoe reageert Hamlet? Hoe spreekt hij Ophelia aan? Hoe reageert zij?

- Welke visie op het theater komt naar voren in Hamlets toespraak tot de acteurs? Is het origineel?

- Wat stelt de afbeelding van de schedels voor in de scène van Ophelia's begrafenis? In welk genre schilderij komt het motief van de schedel terug? Welke visie op het leven wordt door dit beeld gesuggereerd?

- Waarvan beschuldigt Hamlet de andere personages, in het bijzonder zijn moeder?

- Hoe beschrijft Hamlet Horatio? Is dit personage belangrijk voor het stuk?

- Analyseer de scènes waarin een personage zich verstopt voor Hamlet om hem te bespioneren. Wat zijn hun motieven? Stel je een enscenering van deze passages voor.

- Welke rol speelt het spook in de plot?

- Vergelijk *Hamlet* met *Macbeth*, ook geschreven door Shakespeare. Welke overeenkomsten bestaan er tussen de twee toneelstukken?

VERDER LEZEN

REFERENTIE-UITGAVE

Shakespeare, W. (2007) *Hamlet*. Shakespeare Library Classic. Minneapolis: Filiquarian Publishing, LLC.

*We horen graag van jou! Laat
een reactie achter op jouw online bibliotheek
en deel je favoriete boeken op social media!*

De uitgever garandeert de betrouwbaarheid van de gepubliceerde informatie, die echter niet onder zijn verantwoordelijkheid valt.

www.50minutes.com

Master ISBN: 9782808688871
Papier ISBN: 9782808610278
Wettelijk depot: D/2023/12603/1307

Omslag: © Primento

Digitaal ontwerp: Primento, de digitale partner van uitgevers.